Das 1x1 der Einkaufsverhandlung Wissenschaft oder Intuition?

Norbert Schickgramm

Alle Rechte, insbesondere das Recht auf Vervielfältigung und Verbreitung sowie das Recht auf Übersetzung, vorbehalten. Kein Teil des Werkes darf in irgendeiner Form, ohne schriftliche Genehmigung des Verlages reproduziert, verarbeitet, gespeichert, vervielfältigt oder verbreitet werden.

Herstellung und Verlag:
Books on Demand GmbH, Norderstedt
Umschlaggestaltung:
ISBN: 978-3-7347-5071-7

@ 2015 Norbert Schickgramm

Inhalt

Vorwort

1. Verhandlungsdefinition

2. Die Bedeutung von Einkaufsverhandlungen

3. Wann und wie sollte eine Einkaufsverhandlung geführt werden?

4. Verhandlungsgrundlagen/-vorbereitungen

- Festlegung des Verhandlungsziels
- Verhandlungsorganisation
- Lieferantenauswahl / Unternehmensinformationen
- Vertragsbedingungen / Vertragsentwurf
- Preisvorkalkulation
- Beschaffungskalkulation/ Preisbeeinflussende Faktoren
- Inhalte der Beschaffungskalkulation
- Ergebnisdokumentation

5. Verhandlungsstrategie/-taktik

- Verhandlungsvorfeld
- Verhandlungsstrategie
- Verhandlungstaktik

6. Verhandlungsstil

7. Verhandlungsführung/-gestaltung

8. Verhandlungskonzepte/-prinzipien

- Sache und Beziehung trennen
- Interessen statt Positionen
- Optionen entwickeln
- Gemeinsame Kriterien finden
- Varianten entwickeln

9. Umgang mit schwierigen Verhandlungspartnern

10. Psychologie und Rhetorik

11. Zusammenfassung

Der Mensch ist geprägt durch Gene, Erziehung, Umwelt und Beziehungen!

Dies sollten Sie bei allen nachfolgenden, theoretischen Ausführungen berücksichtigen.

Vorwort

Im Nachgang zu meinem Buch „Das erfolgreiche Einkaufsnetzwerk", in dem ich versucht habe, die Komponenten aufzuführen, welche in ihrer Gesamtheit einen erfolgreichen Einkauf ausmachen, habe ich mit dem Thema Einkaufsverhandlungen einen Baustein herausgegriffen, der im Kontext wesentlich zum Einkaufserfolg beitragen kann. Dabei kommt - wie so oft - der Mitarbeiterqualität/-motivation eine besondere Bedeutung zu.

Es soll ja Menschen geben, denen ein gewisses Verhandlungsgeschick in die Wiege gelegt wurde. Die meisten von uns müssen sich jedoch bestimmte Kenntnisse und Fähigkeiten aneignen bzw. trainieren.
Die folgenden Ausführungen sollen Grundlagen und Hilfestellungen für erfolgreiche Verhandlungen bieten.

Die Verhandlungsbandbreite erstreckt sich dabei grundsätzlich vom familiären Bereich bis in größte wirtschaftliche, juristische und politische Dimensionen. Schwerpunktmäßig soll hier

jedoch die Einkaufsverhandlung im Mittelpunkt stehen.
Viele Seminare, die ich in diesem Zusammenhang besucht habe, hatten mindestens eine Gemeinsamkeit, die Empfehlung - der durchaus unterschiedlichen Dozenten und Institutionen - lautete:
„Versuchen Sie nicht, die hier erworbenen Kenntnisse in Ihrem privaten Beziehungsumfeld umzusetzen!"

1. Verhandlungsdefinition

In der Literatur wird Verhandlung als ein gegenseitiger Informationsaustausch zwischen Parteien, die gemeinsame und/oder unterschiedliche Interessen haben und eine Übereinkunft erzielen wollen oder als Besprechung/Erörterung eines Sachverhalts verstanden, die der Herbeiführung eines Interessenausgleichs zwischen mindestens zwei Verhandlungspartnern dient.
Dabei versprechen sich die jeweiligen Parteien durch entsprechende Interaktion einen Vorteil gegenüber der aktuellen Situation zu erzielen.

Verhandlungen finden in der Regel immer dann statt, wenn sich zwei oder mehrere Parteien begegnen und versuchen „Konflikte" durch eine Einigung zu lösen.
Verhandlungen stellen somit eine Form der Entscheidungsfindung zwischen Individuen und/oder Organisationen dar.

Weitgehend durchgesetzt hat sich die Unterscheidung zwischen distributiven und integrativen Verhandlungen, wobei eine Verhandlung sowohl distributive als auch integrative Elemente enthalten kann. Als ein typisches Beispiel für distributive Verhandlung ist die Preisverhandlung anzusehen. Die integrative Verhandlung kann z.B. die personelle Weiterentwicklung eines Mitarbeiters sein, da hier beide Seiten Nutzen daraus ziehen, wenn es zu einem Wissenszuwachs des Mitarbeiters kommt.
Ein wichtiges Ziel einer Verhandlung ist die Schaffung eines Konsens, eines Kompromisses, mit dem beide Seiten nicht nur leben können, sondern der auch gewisse Vorteile für beide Seiten bringt. Hier kommt der Verhandlungsethik eine zentrale Rolle zu.

Verhandlungen sollten sich grundsätzlich von kriegerischen Auseinandersetzungen unterscheiden!

Die entsprechenden Strategien setzen daher - bei den schon erwähnten ethischen Voraussetzungen - auf die Bildung einer tragfähigen Beziehungsebene und einer Vertrauensbasis.

In Abgrenzung zu riskanten Varianten (z.B.„Brinkmanship") können als kooperative Strategien das „Harvard-Konzept", die „Delphinstrategie" oder die „Win-Win-Strategie" genannt werden. Sämtliche Modelle erfordern eine gute Vorbereitung. Von den Beteiligten wird eine hohe emotionale Intelligenz verlangt. So kann z.B. die anfängliche Konkurrenzsituation im Verlauf einer Verhandlung beigelegt und neue, gemeinsame Ziele gefunden werden, welche die Verhandlungspartner für sich allein nicht hätten realisieren können.

Nicht zuletzt ist es die Aussicht auf Mehrwert und Wachstum, die dazu anregen kann, mit Wettbewerbern ebenso unvoreingenommen zu verhandeln, wie mit Gleichgesinnten.

Seit längerer Zeit hat sich - wie bereits erwähnt - ein wissenschaftlicher Bereich, die sogenannte „Wirtschaftsethik" entwickelt.
Die Wirtschaftsethik befasst sich mit der Frage, wie moralische Normen und Ideale unter modernen Wirtschafts- und Wettbewerbsbedingungen zur Geltung gebracht werden können. Das Problem der Umsetzung besteht jedoch darin, dass in marktwirtschaftlichen Wettbewerbssituationen in der Regel kein Raum für moralisch motivierte Vor- oder Mehrleistungen, die zu Kostenerhöhungen bzw. Gewinneinbußen führen könnten, vorhanden ist. Moral und Wettbewerb scheinen sich auszuschließen.

Es ist von untergeordneter Bedeutung, wer eine Verhandlung formal eröffnet. Im Laufe einer Verhandlung können sowohl nonverbale als auch strategische Elemente eine Rolle spielen. Insbesondere bei wichtigen, meist internationalen Verhandlungen ist auch der Einsatz von sogenannten Sekundanten/Ghostnegotiators durchaus üblich. Die kulturellen Unterschiede bei internationalen Verhandlungspartnern machen es gegebenenfalls erforderlich, einen Insider der Sitten und Gebräuche im Team zu haben.

Die einzelnen Phasen einer Verhandlung werden normalerweise nicht formal angezeigt. Üblich ist ein fließender Übergang.
In vielen Kulturen (andere Länder, andere Sitten) - vor allem in fernöstlichen Handelsräumen - gibt es die unterschiedlichsten Gepflogenheiten bei Verhandlungen. So ist zum Beispiel bekannt, dass japanische Geschäftspartner nicht nur ausgeprägt freundlich sind, sondern die Verhandlungspartner vor Beginn der eigentlichen Gespräche gern auch mal zu einer Karaoke Veranstaltung einladen, um die Geschäftspartner besser einschätzen zu können. Im westeuropäischen Raum stehen kulturelle oder sportliche Events und Geschäftsessen im

Vordergrund um ähnliche Einschätzungen zu gewinnen.

Aus dem russischen Sprachraum ist bekannt, dass eine gewisse Trinkfestigkeit durchaus vorteilhaft sein kann.

Wenn man an unterschiedliche Gepflogenheiten in anderen Ländern denkt, fallen mir zwei Anekdoten ein, die zwar nicht unmittelbar mit dem Verhandlungsthema zu tun haben, durchaus aber die unterschiedlichen Moral-/Ethikvorstellungen in anderen Kulturkreisen untermauern.

Im Zusammenhang mit einem Rohstoffeinkauf, der mit einem Handelspartner in Deutschland über Weißrussland abgewickelt werden sollte, berichteten meine beiden Verhandlungspartner, dass sie bei der Ausreise vom weißrussischen Zoll gefragt wurden, ob sie denn etwas zu verzollen hätten. Insbesondere war hier wohl Kaviar gemeint, dessen Ausfuhr - zu diesem Zeitpunkt - streng limitiert war. Nachdem die Herren diese Frage verneint und die Zollstelle passiert hatten, bot derselbe Zöllner an: „Möchten Sie Kaviar kaufen?"

Ein ehemaliger Kollege, der für einen internationalen Konzern u.a. Projektgeschäfte in afrikanischen Staaten abgewickelt hat, berichtete, dass es durchaus gängige Praxis war, dass die Verantwortlichen auf der Nachfrageseite schon im Zuge der Angebotsvorgespräche Zuwendungen (z.B. gepanzerte Mercedes-Limousine) gefordert haben, ohne damit im Gegenzug irgendwelche Verpflichtungen einzugehen.

Diese Beispiele sollen nur unterstreichen, dass die Voraussetzungen zur Vertragsanbahnung bzw. zum Vertragsabschluss in anderen Kulturkreisen doch erheblich von den hiesigen Gewohnheiten abweichen können. Es kann deshalb wichtig sein, sich vor entsprechenden Auslandsaktivitäten umfangreich zu informieren und/oder auf entsprechende Unterstützung zurückzugreifen.

2. Die Bedeutung von Einkaufsverhandlungen

Kontinuierliche Kostensenkung wird in fast allen Unternehmen großgeschrieben. Ist es doch ein

Schlüssel dafür, im globalisierten Umfeld die Marktposition zu halten bzw. zu verbessern. Häufig können Kostensenkungspotentiale nur mithilfe von Lieferanten erreicht werden. Jeder Einkäufer bewegt sich in einem Spannungsfeld, bestehend aus Einkäufern, Verkäufern und dem „Markt".

Einkäufer und Verkäufer haben naturgemäß unterschiedliche Zielstellungen.

Verkäuferziele können u.a. sein:

- Hohe Preise
- Wachstum
- Kundenbindung
- Positives Image

Einkäuferziele können u.a. sein:

- Niedrige Preise
- Pünktliche, fehlerfreie Lieferungen/Leistungen
- Gute Qualität
- Stabile Geschäftsbeziehung

Einkaufsverhandlungen dienen dazu, formulierte Ziele durchzusetzen und damit den Unternehmenserfolg sicherzustellen.
Es muss nicht besonders erwähnt werden, dass die Höhe der Einkaufskosten als Teil der Gesamtkosten eines Unternehmens den Gewinn beeinflussen. Es zählt beim Einkauf jedoch nicht nur der Preis. Es wird vielmehr eine Gesamtleistung eingekauft, die aus Qualität, Innovationsstärke, Serviceleistung etc. bestehen kann. Einkäufer und Verkäufer treffen sich um Geschäfte zu machen. Beide Seiten verfolgen handfeste Ziele und Interessen.

In vielen Unternehmen ist darüber hinaus der Zielerreichungsgrad unmittelbar mit der Entlohnung verknüpft.

Die gute Verhandlungsführung ist eine Schlüsselqualifikation für jeden Einkäufer. Es lässt sich viel über professionelle Verhandlungsführung philosophieren, tun müssen Sie es letztendlich selbst.

3. Wann und wie sollte eine Verhandlung geführt werden?

Die Entscheidung ob, wann und wie eine Verhandlung durchgeführt werden soll ist insbesondere abhängig von dem zu erwartenden Ergebnisbeitrag. Wichtig dabei ist es, dass Verhältnis zwischen Kosten und Nutzen abzuschätzen.
So können sowohl telefonische als auch schriftliche (überwiegend per Mail) Verhandlungen von Fall zu Fall angebracht sein. Üblich sind auch Internet-/Videokonferenzen. Bei entsprechenden Marktgegebenheiten werden auch Internetauktionstools eingesetzt.

Auch bei konventionellen Verhandlungen gibt es unterschiedliche Varianten. So z.B. die parallele, zeitgleiche Verhandlung mit mehreren Partnern. Auch hier sind dem Erfindungsreichtum keine Grenzen gesetzt.

Seien Sie kreativ und überraschen Sie Ihre Gesprächspartner!

Nebeneffekte einer Verhandlung sind u.a.:

- Vorstellung des Unternehmens
- Erörterung von Problemen in der Zusammenarbeit
- Kennenlernen der Unternehmensvertreter/Entscheidungsträger

4. Verhandlungsgrundlagen/-vorbereitung

Festlegung von Verhandlungszielen:

Die Festlegung von Verhandlungszielen sollte in wesentlichen Fällen mit den internen Auftraggebern im Unternehmen (Produktion, Vertrieb, Marketing etc.) abgestimmt werden. Bei den Beschaffungen, die unmittelbar den Verkaufspreis beeinflussen ist ein Limit für die Verhandlung zu setzen. Legen Sie fest, welche Zielsetzung ggf. über den Preis hinaus für Sie von Wichtigkeit ist, bzw. in welcher abgestuften Reihenfolge die Prioritäten liegen.

Nachstehend einige mögliche Zielsetzungen:

- Preissenkung
- Rabatte, Boni, Skonti
- Zahlungsziel
- Sicherheiten/Vertragsstrafe
- Senkung/Wegfall von Fracht/Verpackung
- Festlegung einer Budgetobergrenze
- Qualitätsverbesserung
- Ermittlung der Grenzqualität
- Qualitätsprüfung
- Zeichnungen
- Maßnahmen zur Einhaltung oder Verkürzung der Lieferzeit
- Liefer- und Erfüllungsort
- Transportmittel
- Gefahrgutdeklaration
- Rücknahme von Abfallprodukten (fachgerechte Entsorgung)
- Menge
- Versicherungen
- Werkzeugkosten
- Garantie / Gewährleistung

Verhandlungsorganisation

**Nochmals der Hinweis:
Verhandlungen kosten Zeit = Geld. !**

Deshalb verhandeln Sie nur von Angesicht zu Angesicht, wenn sich der Aufwand den Sie betreiben auch lohnt.
Eine gezielte Vorbereitung schafft Vorteile und hilft, schwierige Verhandlungen erfolgreich zu gestalten.

Grundsätzlich gilt: Keine Verhandlung, ohne Termin!

Versuchen Sie die Verkäufer dahingehend zu disziplinieren, dass Spontanbesuche unterbleiben und Treffen terminiert werden. Legen Sie die Gesprächszeit fest!
Sie vermeiden so Open-end-Veranstaltungen, können Ihre Arbeitszeit besser planen und zwingen den Verkäufer alle Punkte stringent abzuarbeiten.
So können Sie evtl. den sich aufbauenden Zeitdruck taktisch zum Erreichen Ihrer Ziele einsetzen.

Es empfiehlt sich, wichtige Verhandlungen im eigenen Unternehmen zu führen. Es ist nicht nur das gewohnte Umfeld sondern vielmehr die Möglichkeit ggf. auf Kollegen oder Unterlagen zeitnah zurückgreifen zu können.

Auf Verhandlungen direkt am Arbeitsplatz sollte verzichtet werden, da Unterlagen herumliegen könnten, die nicht für die Augen des Verkäufers bestimmt sind und darüber hinaus Störungen durch Telefon oder Kollegen erfolgen können.

Besser ist die Nutzung eines entsprechenden Besprechungsraumes.

Die Bewirtung der Gäste sollte selbstverständlich sein und auch dazu genutzt werden, die Atmosphäre aufzulockern und sich als aufmerksamer und zuvorkommender Gastgeber zu präsentieren.

Bei der Wahl der Sitzposition spielt die Distanz eine wichtige Rolle. Je weiter die Gesprächspartner auseinander sitzen, desto schwieriger ist es, Kontakt und Nähe herzustellen. Für die zwischenmenschliche Kommunikation ist es ideal, wenn keine Barrieren bestehen. Wenn sich Verkäufer und Einkäufer direkt gegenübersitzen, verstärkt sich die Konfrontation.

Probieren Sie andere Lösungen aus!

Lieferantenauswahl/ Unternehmensinformationen

Als einen der ersten Schritte zur Verhandlung ergibt sich die Frage der Lieferantenauswahl sofern nicht ein Alleinstellungsmerkmal (z.B. Monopol) dies verhindert.
Festzulegen ist die Anzahl der Unternehmen, meist auf der Grundlage vorliegender Angebote und entsprechender Eignung.

Nachstehende Kriterien sind zu berücksichtigen:

- Sind die Lieferanten bekannt bzw. gibt es oder gab es Geschäftsbeziehungen zu den infrage kommenden Lieferanten?
- Wie ist ggf. die Vorgehensweise mit dem bisherigen Vertragspartner. Rechtfertigt die bisherige Geschäftsbeziehung eine Bevorzugung (sofern überhaupt rechtlich oder aufgrund von Unternehmensrichtlinien möglich)?

- Hat es mit dem bisherigen Lieferanten Schwierigkeiten in der Vertragsabwicklung gegeben und sind diese quantifizierbar?
- Sind die Kosten für einen Lieferantenwechsel ermittelt worden?
- Liegen aktuelle Auskünfte vor?
- Handelt es sich voraussichtlich um ein einmaliges Geschäft oder werden längerfristige Geschäftsverbindungen angestrebt?
- Sind Lieferanten auch Kunden Ihres Unternehmens?
- Bestehen zu den potentiellen Vertragspartnern schon Kontakte, z.B. auf technischem Gebiet?
- Wie sind die geografischen Gegebenheiten und Transportmöglichkeiten (Schiene, Wasser, Straße, Luft)?

Es sollten Checklisten u.a. mit folgenden Unternehmensinformationen erstellt und in der Verhandlung abgefragt bzw. ergänzt werden:

- Unternehmensorganisation
- Umsatzentwicklung

- Mitarbeiterstruktur (Anzahl Fest- und Teilzeitkräfte, geringfügig Beschäftigte, ggf. Saisonkräfte)
- Entlohnungsart (Leistungs- oder Zeitlohn, tarifliche Bindung etc.)
- Kapazität eines Mitarbeiters (Mannstunden, Urlaub etc.)
- Kundenstruktur
- Leistungsumfang ggf. Fertigungstiefe
- Zulieferer/Subunternehmen
- Markteinschätzung (Marktanteile, Konkurrenzsituation)
- Anlagevermögen (Maschinen, Fuhrpark, Lager, etc.)
- Kostensituation (Material, Lohn, Verwaltung, Forschung/Entwicklung, etc.)
- Sind Veränderungen in der Firmenstruktur geplant bzw. bekannt

Vertragsbedingungen

Bereiten Sie auch Checklisten mit den Vertragsbedingungen vor, die Sie ansprechen bzw. durchsetzen wollen. Entsprechend dem

„Markt" in dem Sie agieren sollten Sie bereits einen Vertragsentwurf vorbereiten.

Checkliste für Einkaufsbedingungen:

- Angebotsbindefrist
- Wichtige Ansprechpartner
- Vertragsgrundlagen (VOB, BGB/HGB o.a.)
- Liefer-/Leistungsbedingungen
- Umgang mit technischen Änderungen
- Preis, Preisrisiko, Preisstellung
  z.B. Preisanteile (Material, Lohn etc.)
- Werkzeugkosten(Amortisation)
- Preisbindung/Gleitklauseln
- Termine
- Zahlungsbedingungen
  z.B. Zahlungsplan, Bürgschaften, Einbehalte etc.
- Lieferbedingungen
  z.B. Garantie/Gewährleistung, Haftung, Gefahrenübergang etc.
- Versicherungen (Montage, Transport, Garantie)

Gerade in größeren Unternehmen und Konzerngesellschaften kann es hilfreich sein, für bestimmte „Gewerke" vorformulierte Standardverträge zu haben, die die wesentlichen Forderungen beinhalten.

Preisvorkalkulation

Für die wichtigsten Beschaffungsprodukte/Dienstleistungen eines Unternehmens empfiehlt sich eine Preis-/Kostenanalyse. Dazu ist es erforderlich, alle verfügbaren Marktdaten/Kalkulationsgrundlagen zu sammeln, aufzubereiten, zu bewerten und stetig weiter zu entwickeln.
um Transparenz in der Preisgestaltung/ Kalkulation zu erlangen um
ggf. Schwachstellen aufzudecken, die Preis beeinflussend wirken.
Wie Sie sich vorstellen können, ist der Dialog mit den Lieferanten nicht unproblematisch,
führt er doch in den meisten Fällen zu einer Preisreduzierungsforderung.
Allerdings können sich auch Erkenntnisse für den Lieferanten ergeben, die Kosten senkend wirken.

Die geschaffene Datenbasis gilt es - wie schon gesagt - kontinuierlich zu verbessern/ zu verfeinern.

Es gibt zwei grundsätzliche Wege der Herangehensweise:

1. Die Nutzung vorhandener konfektionierter Software, die branchen-/produktspezifisch diese Aktivitäten unterstützen kann. Hierzu sind bei der Erstanwendung erfahrene Berater (z.B. BrainNet) mit einschlägiger Erfahrung erforderlich. „My Value Driver" ist eine Software, die auf eine umfangreiche Datenbasis für Unternehmens-, Branchen- und Lohndaten zurückgreifen kann um damit die Differenz der Herstellkosten zum Einkaufspreis zu ermitteln und verschiedene Kostensituationen zu simulieren. Nach Eingabe der entsprechenden Daten:

- Materialkosten
- Fertigungslöhne
- Sondereinzelkosten (Fertigung + Vertrieb)
- Gemeinkosten
- Gewinn etc.

ergibt sich ein fiktiver Verkaufspreis, der dann die Grundlage für Lieferantengespräche bzw. Vertragsverhandlungen bildet.

Voraussetzungen für derartige Aktivitäten sind:

- Ein hoher Beschaffungswert (➢ 1 Mio. €)
- Der Materialanteil am Produkt sollte < 70% sein
- Es sollten keine langfristig verbindlichen Verträge bestehen.

2. Die Erarbeitung einer eigenen Datenbasis erfordert einigen Zeitaufwand, hat jedoch den Vorteil, keine Fremdleistung in Anspruch nehmen zu müssen und somit das Know-how im eigenen Verfügungsbereich zu haben.

Ich konnte sowohl Erfahrungen mit der vorgenannten Software als auch mit eigenen Entwicklungen machen. Für mich erstaunlich war, wie relativ genau die Näherungswerte mit der eingesetzten Software ausfielen. Erfahrungen mit Eigenentwicklungen konnte ich auf dem Rohstoffsektor sammeln.

Wie schon erwähnt ist diese Vorgehensweise erheblich aufwendiger aber letztlich auch erfolgreich.

Hieraus ergibt sich – neben vielen anderen Informationen - ebenfalls ein möglicher Zielpreis (fiktiver Angebotspreis) als Verhandlungsgrundlage.

Darüber hinaus ist es vorteilhaft, bei Vorliegen mehrerer Angebote einen virtuellen Angebotspreis zu ermitteln. Dieser virtuelle Angebotspreis ergibt sich, indem man jeweils die günstigste Preisposition in ein virtuelles Angebot überträgt. Man erkennt dadurch die jeweils günstigsten Preispositionen der jeweiligen Angebote und kann diese in der Verhandlung gezielt hinterfragen und ggf. unterschiedliche Ansätze der einzelnen Lieferanten in der Preisgestaltung /-kalkulation erkennen.

Beschaffungskalkulation/ Preis beeinflussende Faktoren

Auf der Grundlage des vor genannten fiktiven Angebotspreises kann dann die Beschaffungskalkulation unter Berücksichtigung der Preis beeinflussenden Faktoren durchgeführt werden um den möglichen Einstandspreis zu ermitteln.
Dies kann nicht nur als Verhandlungsgrundlage dienen, sondern ggf. auch eine Make-or-buy-Entscheidung unterstützen.

Inhalte der Beschaffungskalkulation:

Angebotspreis
+ Zuschläge
(Mindermengen- und Teuerungszuschlag, börsenabhängige Aufschläge etc.)
- Abschläge
(Materialbeistellung, börsenabhängige Abschläge etc.)
Rabatte, Boni
Überlieferung ohne Berechnung
= Einkaufspreis
- Skonto
+ Fracht, Verpackung, Lager/-Wiegegebühren
+ Versicherung

+ Zoll
+ Steuern
+ Einkaufsprovisionen
+ Finanzierungskosten

= Einstandspreis

Eine gezielte Vorbereitung schafft Vorteile und hilft schwierige Verhandlungssituationen erfolgreich zu gestalten.
Hierzu gehören nachstehende Kernelemente:

- Fachkompetenz
- Zielfestlegung bzw. konsequente Zielverfolgung
- Selbstsicherheit
- Anerkennung / Sympathie
- Aktion statt Reaktion

Es sollten hier ebenfalls Checklisten bzw. ein vorbereitetes Protokoll zur Anwendung kommen.

Nachstehend einige mögliche Inhalte:

Verhandlungsteam

- Zielfestlegung (min./max.)
- Teamzusammensetzung
- Aufgabenverteilung
- Kompetenzen / Rollenverteilung
- Vorbesprechung
- Terminabstimmung
- Argumentationschecklisten

Organisation

- Ort / Anfahrtswege / Parkmöglichkeiten ggf. Transfer der Gäste
- Raumgestaltung / Verpflegung
- Zeiteinteilung
- Übernachtung ggf. Rahmenprogramm
- Anzahl, Namen und Kompetenzen der Verhandlungspartner

Produkt/Leistung

- Angebote
- Preisanalyse
- Ergebnisse der Wertanalyse
- Zeichnungen / Muster

- Substitutionsmöglichkeiten
- Qualität / Prüfmethoden
- Vormaterial / Formen / Werkzeuge
- Service
- Lagermöglichkeiten
- Transportgewicht
- Verpackungsart
- Lieferzeiten
- Garantie / Gewährleistung etc.

Lieferant

- Bilanz
- Umsatz- und Kapitalrendite
- Liquidität
- Liefer- Fertigungsprogramm
- Lieferantenanalyse und -bewertung
- Brancheninformationen
- Wettbewerber
- Personalaufwand
- Materialkosten
- Fixkosten
- Eigentumsverhältnisse
- Vorratsintensität etc.

Ergebniserfassung/-dokumentation

Bereiten Sie auch hier eine Checkliste, ein Protokoll und/oder einen Vertragsentwurf vor. Zweckmäßig ist es, die Ergebnisse der Verhandlung zu visualisieren (z.B Laptop/Beamer), um allen Beteiligten während der Verhandlung die Möglichkeit zu geben, den Verhandlungsfortschritt zu verfolgen. Die erforderlichen Informationen liegen ja durch die Festlegung von Verhandlungszielen bzw. aus der Vertragsvorbereitung (siehe Seite 19 ff) bereits vor.
Am Schluss der Verhandlung sollten alle Beteiligten durch Unterschrift das dokumentierte Verhandlungsergebnis bestätigen. So können spätere Diskussionen weitestgehend vermieden werden.

5. Verhandlungsstrategien/-taktiken/Verhandlungsvorfeld

Aktivitäten im Vorfeld einer Verhandlung

In der Regel kommt es insbesondere bei

wesentlichen Investitions-/ Aufwandsvorhaben zu Kontakten mit möglichen Lieferanten, z.B. auf Messen, bei Werks-/Fertigungsbesichtigungen, durch Besuche von Firmenrepräsentanten etc.
Bereits in dieser Phase können durch entsprechendes Verhalten/Taktieren die Weichen für eine mögliche, spätere Verhandlung gestellt werden. Da diese Erstkontakte u.a. auch wegen technischer Fragestellungen häufig von den anfordernden Bereichen wahrgenommen werden, ist eine Kontaktaufnahme mit dem Einkauf sinnvoll, um entsprechende Strategien abstimmen zu können.

Die Begriffe Strategie und Taktik werden sehr oft im Zusammenhang mit dem Führen von Verhandlungen genannt.

Strategie ist ein detaillierter Plan für ein bestimmtes Vorgehen zur Zielerreichung, der mögliche Aktionen von vornherein einkalkuliert.

Taktik ist ein planmäßiges Vorgehen und Verhalten

Verhandlungsstrategie

Zur Vorbereitung der Verhandlungsstrategie ergeben sich einige Fragen:
z.B.
- Was ist der Verhandlungsgegenstand?
- Wie ist unsere Beziehung zum Verhandlungspartner ausgeprägt?
- Welche Interessen haben wir, welche Positionen nehmen wir ein?
- Welche Optionen kommen in Betracht?
- Welches ist für uns das bestmögliche Verhandlungsergebnis?
- Welche Kriterien können vermutlich von beiden Seiten akzeptiert werden?
- Welche Positionen wird unser Verhandlungspartner einnehmen?
- Wie steht vermutlich der Verhandlungspartner zu uns?
- Welche beste Variante wird die gegnerische Partei vermutlich anstreben?

Organisationen und/oder Individuen verhandeln in Art und Ausprägung unterschiedlich im Rahmen ihrer Interessenvertretung. Die Wahl einer bestimmten Verhandlungsstrategie hängt meist von der jeweiligen Markt-/Machtposition des Verhandlungspartners ab.

Man unterscheidet drei wesentliche Verhandlungsstrategien:

Harte Verhandlung

Hier ist das Ziel erreicht, wenn die eigenen Interessen und Vorteile maximal durchgesetzt werden konnten. Sowohl inhaltliche Ziele und Vorgehensweisen werden nicht offen dargelegt. Es wird auf die gegnerische Partei nur eingegangen, wenn sich dadurch Vorteile für die eigenen Interessen und Ziele ergeben. Informationen werden konsequent zurückgehalten. Als Reaktion auf Einwände werden oft offensive bzw. aggressive Taktiken eingesetzt, dazu gehören das Kritisieren, Ignorieren, Ironisieren und Herunterspielen. Drohen (take it or leave it!) und Beharren auf den eigenen Interessen sind ebenfalls Merkmale dieser Strategie.
Die eigenen Verhandlungspositionen werden sehr früh festgelegt. Verhandlungspoker und

Bluff werden sorgfältig vorbereitet und eingesetzt.

Weiche Verhandlung

Hier ist das Ziel erreicht, wenn beide Parteien in Harmonie und möglichst konfliktfrei zu einer Übereinkunft kommen.
Das Eingehen auf die andere Partei steht im Vordergrund. Eigene Interessen werden vernachlässigt. Speziell bei Druck seitens der anderen Partei. Einwände werden vorsichtig übergangen oder sofort akzeptiert, um Auseinandersetzungen zu vermeiden. Ziele, Positionen und Interessen werden transparent und offen dargelegt.
Vertrauen zum Verhandlungspartner zeigt sich durch konsequente Offenlegung der eigenen Strategie. Die Vermeidung von Konfrontation dominiert die Sach- und Beziehungsebene.

Problemorientierte Verhandlung

Hier ist das Ziel erreicht, wenn es ein sachliches Ergebnis gibt, dass beide Parteien akzeptieren können.

Sach- und Beziehungsebene werden differenziert betrachtet. Das Eingehen auf den Verhandlungspartner, um die Beziehungsebene zu unterstützen läuft parallel zur sachlich harten Argumentation.
Es ist notwendig Ziele und Argumente vorzubereiten (nicht festlegen) und sich an Problemlösungsverfahren zu orientieren. Es sollten Kriterien erarbeitet werden, die auf Interessen beider Partner basieren und für beide Verhandlungspartner gleichermaßen akzeptabel sind.

Verhandlungstaktiken

Nachstehend einige der häufig angewandten Taktiken:
Insbesondere bei jungen und unerfahrenen Einkäufern wird **die „Drohung"**, den Auftrag nicht zu erteilen, wenn sich der Verkäufer nicht bereit erklärt, auf die Forderungen des Einkäufers einzugehen als Taktik eingesetzt. Fast jeder Verkäufer hat gelernt, mit Drohungen von Kunden richtig umzugehen. Er wird abwarten, wie ernst diese Drohung gemeint ist. Reagiert der Einkäufer mit Einlenken oder Erteilung des

Auftrages, hat der Verkäufer wohl sein Ziel erreicht.
Die Drohung in Einkaufsverhandlungen ist ein Ausdruck von Hilfslosigkeit und steht im Gegensatz zu einer angemessenen Verhandlungskultur.

Der „Bluff", der in der Praxis auch als Pokern bezeichnet wird, ist ebenfalls eine gängige Verhandlungstaktik. Bluffen muss jedoch gelernt sein. Sowohl Einkäufer als auch Verkäufer taktieren mit dieser Variante. Der Verkäufer behauptet beispielsweise, dass er am Ende des Machbaren angelangt ist. In den meisten Fällen entspricht dies jedoch nicht den Tatsachen. Der Verkäufer kann so testen, ob der Einkäufer bereit ist, sein Angebot zu akzeptieren oder ggf., wie hartnäckig er ist.
Der Einkäufer blufft häufig mit günstigeren Gegenangeboten.
Wichtig für beide Seiten ist, dass der Bluff im Rahmen des Möglichen liegt und einen realistischen Hintergrund hat. Dies ist die Abgrenzung zur Drohung, die plump und ungehobelt, meist über das Ziel hinausschießt.

Ich erinnere mich in diesem Zusammenhang an eine Verhandlung eines neuen Kollegen im Einkauf der wohl unter dem Motto „ Was kostet die Welt und einkaufen kann jeder" in eine Verhandlung über die Lieferung größerer Stahlrohrmengen ging. Als er im Laufe der Verhandlung merkte, dass er sein Verhandlungsziel nicht erreichen wird, behauptete er ein günstigeres Angebot der Konkurrenz vorliegen zu haben. Der Verkäufer brach daraufhin die Verhandlung ab, da dies sein äußerster Preis sei und empfahl das günstige Konkurrenzangebot anzunehmen.

Dies zum Thema, ein Bluff sollte realistisch sein. **Das „Feilschen"** ist eine weitere beliebte Verhandlungstaktik von mir gern als „Türkischer Basar" bezeichnet. Diese Form der Verhandlung hat auch ihre Berechtigung. Man muss nur die Grenzen dieser Verhandlungstaktik kennen. Das Kernelement besteht darin, extreme Forderungen an die Gegenseite zu stellen. Zielstellungen hierbei sind:
- Die Gegenseite soll ihre Erwartung reduzieren.

- Das Resultat soll durch - das sich treffen in der Mitte - positiver ausfallen.
- Die Einigung soll schnell erfolgen.

Tatsächlich laufen viele Verhandlungen nach diesem Muster ab. Was tun Sie jedoch, wenn zwischen dem Entgegenkommen Ihres Gesprächspartners und Ihrem Verhandlungsziel noch Welten liegen? Wenn Sie dem Kompromiss des Verkäufers nicht zustimmen können oder wollen, bleibt Ihnen nur die Möglichkeit - wenn Sie die Verhandlung nicht abbrechen wollen - eine zweite Verhandlungsrunde zu einem späteren Zeitpunkt anzusetzen. Dieser Schritt bedeutet den Übergang vom „Feilschen" zum Verhandeln.

Das „Vertagen" ist eine bewährte Verhandlungstaktik. Hieraus lässt sich auch ein Grundsatz für wichtige Gespräche ableiten:

Akzeptieren Sie nie das erste Zugeständnis eines Verkäufers!

Wenn Ihr Verhandlungspartner zur zweiten Runde erscheint, können Sie sicher sein, das er

Ihnen ein verbessertes Angebot unterbreiten wird. Wahrscheinlich wird der Verkäufer an dem Punkt weitermachen wollen, an dem Sie die Verhandlung vertagt haben. Geduld und Ausdauer zahlen sich hier aus. Kein Verkäufer fährt in der Regel zu seinem Kunden nur um „nein" zu sagen. Natürlich können Sie davon ausgehen, dass die meisten Verkäufer diese Taktik kennen und auch entsprechend geschult sind. Dies schmälert jedoch nicht die Wirksamkeit.

6. Verhandlungsstil

In der Praxis sind alle Verhandlungsstile vom „Schmusekurs" bis hin zu rüden Einkaufsmethoden anzutreffen. Den Lieferanten wie eine Zitrone auszupressen mag zwar kurzfristigen Erfolg bringen, wirkt aber mittel- und langfristig eher störend auf die Geschäftsbeziehungen. Fast jeder Verkäufer wird einen ungeliebten Kunden - sofern möglich - gegen einen besseren Kunden austauschen wollen. Dies ist unter den vor genannten Gründen nicht nur nachvollziehbar sondern auch betriebswirtschaftlich sinnvoll. Das Verhalten gegenüber Ihrem Verhandlungspartner basiert letztlich darauf, ihn so zu behandeln, wie Sie selbst behandelt werden wollen. Jeder Mensch hat Erwartungen, Wünsche und Bedürfnisse. Wenn Sie also die Erwartungshaltung Ihres Gesprächspartners erfüllen, haben Sie bereits den Weg für eine erfolgreiche Verhandlung geebnet. Menschen sind zwar sehr unterschiedlich, verhalten sich aber in vielen Situationen gleichförmig. Selbstverständlich wird es immer wieder Gesprächspartner geben, die anders reagieren als Sie es erwartet haben. Wichtig ist, den Verkäufer als Mensch, als Person und als Fachmann ernst zu nehmen. Wie jeder andere Mensch ist auch der Verkäufer auf der Suche nach Anerkennung. Nutzen Sie dies in der zwischenmenschlichen Kommunikation und wenden Sie den wichtigsten Grundsatz aus der Führungslehre:

„Lob verstärkt, Kritik blockiert"

konsequent an.

Es ist übrigens kein Widerspruch, hart zu verhandeln und sich gleichzeitig fair, freundlich

und höflich zu verhalten. Ein Verkäufer, der sich gut behandelt fühlt, wird mit großer Wahrscheinlichkeit mehr für seinen Kunden tun. Der richtige Verhandlungsstil ist demnach ein wichtiger Baustein des Beziehungsmanagements.
Viele Firmen besitzen bereits einen schriftlich niedergelegten Verhaltenskodex, der u.U. auch in Leistungsbeurteilungssystemen Berücksichtigung findet, um den notwendigen Nachdruck zu erzeugen.

Beispiel für einen Kodex für Einkaufsverhandlungen:

Der Einkauf hat alles zu unterlassen, was dem Image des Unternehmens schadet.
Der Verkäufer ist nicht unser Feind, sondern ein Geschäftspartner, der versucht seine Ziele zu verwirklichen.
Verkäufer, die zu uns kommen, werden als Gäste behandelt.
Ein Verkäufer, der schlecht über uns denkt und redet, schadet dem Ruf unseres Unternehmens.
Hart zu verhandeln bedeutet nicht, unfair, unfreundlich oder unhöflich zu sein.

Gesegnet sind die, die nichts zu sagen haben und den Mund halten.
Im Gegensatz dazu steht forsches Auftreten, bei absoluter Ahnungslosigkeit.

7. Verhandlungsführung/-gestaltung

Nachstehend einige Hinweise, die Sie bei der Verhandlungsführung beachten sollten:

- Verhandeln Sie in Teilschritten.
- Dokumentieren Sie Teilergebnisse.
- Lassen Sie Preiserhöhungen grundsätzlich nur auf Kostenbestandteile zu.

Diese Vorgehensweise vereinfacht den weiteren Verhandlungsfortschritt und trägt zu einer stringenten Verhandlungsführung bei

Fragestellungen hierzu:

- Warum soll der Preis erhöht werden?
- Welche Kosten sind gestiegen und in welcher Höhe?
- Sind unser Produkt bzw. unsere Dienstleistung von der Kostensteigerung überhaupt betroffen?
- Welchen Anteil haben diese Kostensteigerungen am Angebotspreis?

- Vermeiden Sie das Feilschen um Positionen (Basarmethode), sprechen Sie über Fakten.
- Akzeptieren Sie keine von der Gegenpartei aufgestellten Forderungen ohne weiteres als Verhandlungsgegenstand, Sie verlieren dadurch Verhandlungsvorteile.
- Machen Sie Zugeständnisse (Wer dem Verhandlungspartner Zugeständnisse macht, ist im Vorteil).
- Wer fragt, der führt und sichert sich so Verhandlungsvorteile.

Verhandlungsgegenstand sollte - wie bereits erwähnt - nie eine von der Gegenpartei aufgestellte Forderung sein, sondern ein errechneter Basiswert (Preisvorkalkulation, Preisanalyse etc.).

Fragen Sie nach der Kapazitätsauslastung!

Jeder zusätzliche Auftrag erhöht i.d.R. den Deckungsbeitrag und damit den Gewinn des Lieferanten!

Der Auslastungsgrad (ggf. Überstunden oder Sonderschichten) bieten gute Verhandlungsansätze.

- Investitionen sind kein Preiserhöhungsargument!

Investitionen sind in der Regel Rationalisierungsmaßnahmen, die zu einer Verbesserung der Wirtschaftlichkeit führen sollen und sind daher eher ein Argument für Preissenkung (Ausnahme bilden z.B. Umweltauflagen oder behördliche Anordnungen).
Prüfen Sie, ob ihr nachgefragtes Produkt bzw. die nachgefragte Dienstleistung betroffen sind. Grundsätzlich sind von Reglementierungen durch Dritte auch die Wettbewerber betroffen.

Preiserhöhungsforderungen lassen sich durch Zugeständnisse des Lieferanten auf anderen Gebieten möglicherweise ganz oder teilweise kompensieren.

- Skontoerhöhungen
- Bonusvereinbarungen

Senkung der Logistikosten etc.
- Eine Nullrunde oder Preissenkung bietet dem Lieferanten die Möglichkeit sich von der Konkurrenz abzuheben und ggf. eigene Vorteile (Vertragsverlängerung, Umsatzsteigerung etc.) zu erlangen.

8. Verhandlungskonzepte/-prinzipien

Wer schon einmal umfangreichere Vertragsverhandlungen geführt hat, weiß, dass hierbei besondere Gesetzmäßigkeiten gelten. Es handelt sich hierbei häufig um sehr komplexe Vertragsinhalte mit den unterschiedlichsten Leistungsverknüpfungen und redaktioneller Ausgestaltung. Häufig erfolgen Verhandlungen unter hohem Zeitdruck mit dem Ziel eines zeitnahen Abschlusses. Bei derartigen Verhandlungen - die von Standardverträgen auf der Grundlage Allgemeiner Geschäftsbedingungen (AGB) zu unterscheiden sind - sorgen die vorgenannten Besonderheiten oft auf menschlicher Ebene für Konfliktpotential. Hier stellt sich die Frage, wie unter diesen Bedingungen effiziente und erfolgreiche Verhandlungen geführt werden können.

Wie können Verhandlungskonzepte aussehen bzw. nach welchen Prinzipien kann man vorgehen?

Am Beispiel des „Harvard-Verhandlungskonzeptes" soll zur Verdeutlichung eine gängige Möglichkeit kurz dargestellt werden:

Aus dem Harvard-Verhandlungsprinzip ergibt sich, dass die Auflösung von Beziehungsproblemen in Verhandlungen absoluten Vorrang haben. Kernaussage dieses Prinzips ist, dass fehlerhafte Kommunikation, Emotionen und Positionen auf die Beziehungsebene durchschlagen und es deshalb wichtig ist, auf menschlicher Ebene eine vernünftige Verhandlungsposition aufzubauen.

An einem Beispiel verdeutlicht:

Es macht bei Verhandlungen mit einem Start-up-Unternehmen keinen guten Eindruck, wenn man im offenen Jaguar vorfährt, mit dunklem Anzug, teurer Uhr und hochformell / konservativ in Vertragsverhandlungen einsteigt. Auch wenn eine zwanghafte Anpassung an das Milieu kontraproduktiv wirken kann, sollte man zumindest grobe Stilbrüche vermeiden, da dies

bereits auf der Beziehungsebene zu Problemen führen kann.
In diesem Zusammenhang noch eine Anekdote aus meinem Berufsleben:
In einer Verhandlung mit einem großen Telekommunikationsunternehmen, das u.a. von einem jungen Mann ca. Anfang 30 Jahre vertreten wurde, schilderte dieser in der „Aufwärmphase" der Verhandlung, dass er studiert hat und danach längere Zeit zur weiteren beruflichen Entwicklung nach Brasilien gegangen ist. Worauf mein damaliger Vorgesetzter sagte: „Studiert haben Sie auch, das hat man gar nicht gemerkt"
Sie können sich sicher lebhaft vorstellen, wie diese Verhandlung weiter verlaufen ist. Dies ist ein Paradebeispiel dafür, wie es nicht laufen sollte.

Sach- und Beziehungsebene trennen!

In Verhandlungen ist es Vorteilhaft, wenn die Verhandlungspartner ihre Beziehungen störungsfrei halten und die Sache als ein zu lösendes Problem betrachten.

Jeder Verkäufer weiß, dass wichtige Entscheidungen und auch größere Einkäufe oft nicht rationell nachvollziehbar getroffen werden, sondern emotional erfolgen.
Bei wiederholten Verhandlungssituationen dieser Art sollte zuerst versucht werden die Beziehungsebene zu glätten um die Verhandlung dann unter besseren Voraussetzungen weiterführen zu können. Auch wenn die Entscheidungsfindung im Nachgang rationell begründet wird, ist die Motivation für, ein ja oder nein meist aus „dem Bauch heraus" erfolgt.

Erkunde Interessen, vermeide Positionen!

Im Rahmen von Vertragsverhandlungen sollten keine Positionen bezogen werden, sondern vielmehr die Interessen der anderen Partei erkundet werden.
Hinter den meisten Positionen der Verhandlungspartner verbergen sich ganz bestimmte Interessen. Dies sind Wünsche oder Motive, die der Zielsetzung, die mit der

Verhandlung erreicht werden sollen, unterliegen.

Der Unterschied von Interesse und Position lässt sich am besten an einem Beispiel verdeutlichen: Zwei Personen streiten, ob das Fenster in einem Raum geschlossen oder offen sein soll. Es kann keine befriedigende Lösung gefunden werden. Eine dritte Person kommt hinzu. Sie fragt die eine Person, warum sie das Fenster öffnen möchte: „Ich brauche frische Luft." Sie fragt die andere Person, warum sie das Fenster lieber geschlossen hat: „Wegen der Zugluft." Nach kurzem Nachdenken öffnet die dritte Person ein Fenster im Nebenraum. Auf diese Weise kommt Luft herein, ohne dass es zieht. Man sieht an diesem Beispiel, dass es einen wesentlichen Unterschied zwischen der eingenommenen Position und dem wahren Interesse gibt, was erst bei konkreten Nachfragen hervortritt. In vielen - insbesondere neu gegründeten - Unternehmen war es z.B. nicht das vorrangige Ziel, kurzfristig Gewinn zu erwirtschaften, sondern sich eine Marktposition/Marke aufzubauen. Dieser Ansatz machte den Weg frei für innovative/kreative Verhandlungslösungen.

Optionen entwickeln

Das dritte Prinzip stellt den Grundsatz auf, dass während einer Verhandlung Optionen entwickelt werden sollten, die beiden Interessen gerecht werden können.
Verhandlungen finden statt, weil Probleme gelöst werden müssen. Hierzu ist es erforderlich Optionen zu entwickeln. Kreative Prozesse sind gefragt.
Deshalb sind die Voraussetzungen für einen kreativen Prozess zu schaffen:
Die Überzeugung und der feste Wille beider Parteien über die eigenen Ideen hinwegzukommen, neue Varianten zu finden und sich von allen Restriktionen zu lösen.
In kreativen Prozessen ist es wichtig, zuerst viele Optionen (z.B. Brainstorming) kritikfrei zu erarbeiten. Die Optionen/Varianten sollen die Möglichkeit bieten, die Interessen beider Parteien gleichzeitig zu berücksichtigen.
Auch hierzu ein Beispiel:
Zwei Frauen streiten über die Aufteilung einer Orange. Nachdem sich beide darauf geeinigt hatten, die Orange in der Mitte zu teilen, aß die eine Frau das Fruchtfleisch, während die andere

das Fruchtfleisch wegwarf und Die Schale für ihren Kuchen verwendete. Hätte man hier die Option entwickelt, die Orange zu schälen und die Schale der einen Frau für den Kuchen und der anderen zum Essen zu überlassen, hätte diese Option beide zufriedenstellen können.

Kriterien entwickeln und definieren

Bei Verhärtung einer Verhandlungssituation ist es notwendig, sich auf allgemeingültige Positionen zurückzuziehen.
Die Kriterien, die Verhandlungsergebnisse bewerten, sollten Ergebnis einer Übereinkunft beider Parteien sein und fair, objektiv oder neutral definiert werden. Beide Partner müssen sie akzeptieren und als Entscheidungsgrundlage gelten lassen. Ansätze hierfür lassen sich aus gemeinsamen Interessen, allgemeingültigen Normen oder Werten oder dem „kleinsten gemeinsamen Nenner" ableiten.
Hierbei ist es wichtig, Gemeinsamkeiten zu finden und sie den Entscheidungen unterzuordnen. Ansätze können soziale und/oder moralische Prinzipien (z.B. Umweltschutz, Gesundheitsförderung, gute

Beziehungen etc.) sein. Zur Entscheidungsfindung kann ggf. auch auf unabhängige Dritte zurückgegriffen werden, die beide Parteien akzeptieren.

Variantenvergleich zur besten Alternative

Die Frage, ob ein Verhandlungsergebnis als gut zu beurteilen ist, hängt u.a. davon ab, ob überhaupt Alternativen vorhanden waren. Ist mindestens eine zweitbeste Variante vorhanden, kann man daraus ableiten, was aus der Verhandlung als gutes Ergebnis zu erwarten ist. D.h. bevor man ein Verhandlungsergebnis akzeptiert, sollte man dies an der besten Alternative spiegeln. Die Verhandlungspartner fühlen sich bei mehreren Varianten weniger abhängig und können die Verhandlung mit mehr Distanz und Sachlichkeit führen. Es besteht jedoch das Risiko, sich auf die Minimalvariante von vornherein festzulegen, was die Flexibilität innovative Lösungsansätze zu suchen, vermindert.
Sie sollten deshalb mindestens eine zweite Variante verfügbar haben, um sie vor der Verhandlungsübereinkunft vergleichen zu

können. Es wäre vorteilhaft, mögliche Varianten der Gegenpartei zu kennen um dies bei der Entwicklung von Optionen berücksichtigen zu können. Oft sind am Ende einer Verhandlung die Gedanken schon so auf den Vertragsabschluss fixiert, das die Frage zu einer besseren Alternative gar nicht mehr gestellt wird.
Dabei ist dies von zentraler Bedeutung, weil zu diesem Zeitpunkt die letzte Möglichkeit besteht, seine Entscheidung final zu überdenken. Dies gilt natürlich für beide Verhandlungsparteien.
Voreilig in die Verhandlung eingebrachte Alternativen, vor Vertragsschluss werden häufig als Drohung interpretiert. Daraus resultiert, dass man seine beste Alternative ggf. sehr behutsam in die Verhandlung einbringt und auch die beste Alternative des Verhandlungspartners sensibel behandelt.
Grundsätzlich sollten – unabhängig von festgelegten Konzepten- wie das von „Harvard" o.ä. nachstehende Prinzipien eingehalten werden:

- **Fragen**
- **Feststellen**
- **Fordern**

In dieser vorgenannten, empfohlenen Reihenfolge befindet man sich verhandlungstechnisch in einer günstigeren Position, da man nicht so schnell angreifbar ist und eine Frage an den Verhandlungspartner dazu führt, dass dieser sei Interesse offenlegen muss. Die Erfahrung zeigt, dass es völlig falsch ist, den Verhandlungspartner mit aggressivem Verhalten und diversen Forderungen bereits zu Beginn einer Verhandlung zu konfrontieren.

Als wesentlichsten Punkt der aufgeführten Prinzipien des Harvard-Verhandlungskonzepts erachte ich es – man kann es nicht oft genug wiederholen - eine angenehme Verhandlungsatmosphäre zu schaffen und eine persönliche Beziehungsebene zum Verhandlungspartner aufzubauen.

Gehört ist noch lange nicht verstanden.
Verstanden ist noch lange nicht einverstanden.
Einverstanden ist noch lange nicht angewendet.
Angewendet noch lange nicht beibehalten.

Oscar Wilde

9. Umgang mit schwierigen Verhandlungspartnern

Jeder trifft im Laufe seines Berufslebens auf Geschäftspartner, die sich nicht an faire Spielregeln halten
Deshalb:
- Beobachten Sie Ihren Verhandlungspartner genau und versuchen Sie die Absichten Ihres Gegenübers rechtzeitig zu erkennen.
- Treten Sie selbstbewusst, ruhig und höflich auf.
- Stellen Sie gezielte Fragen, so können Sie die Absichten unfairer Gesprächspartner unterlaufen.

Nachstehend einige Beispiele, mit welchen Verhandlungspraktiken einige Verhandlungspartner versuchen zu agieren:

- Häufige Terminverschiebungen
- Aufbau von Verhandlungsdruck
- Drohungen
- Extreme und unmögliche Positionen

- Beleidigungen
- Nicht beweisbare Fakten/Lügen
- Unklare Verantwortung/ Verschieben der Verantwortung auf andere
- Versteckte Interessen

Wie kann man solchen Verhandlungspartnern entgegentreten?

- Keine schnellen Entscheidungen unter Druck treffen.
- Ein Verhandlungslimit für sich nach unten festlegen, was aber immer noch Flexibilität zur Verhandlung zulässt.
- Andere Optionen ins Gespräch einbringen um nicht erpressbar zu sein.
- Bei Verhandlungsspielen und -tricks lohnt es sich eventuell die Verhandlungsregeln zu überprüfen bzw. neu festzulegen.
- Alle Angriffe der Gegenseite sollten so aufgenommen werden, als ob es Optionen wären und auf möglichst gemeinsame Interessen abgelenkt werden.

- Schweigen oder Zögern kann unter Umständen beim Verhandlungspartner Nachdenklichkeit und Einsicht in die eigene unangemessene Strategie nach sich ziehen.
- Es kann ggf. ein Vermittler hinzugezogen werden

10. Psychologie und Rhetorik

Ohne psychologische Kenntnisse sind Verhandlungserfolge möglicherweise Zufall.

Warum reagiert ein Mensch so, wie er reagiert?
Warum tut ein Mensch das, was er tut?

Diese zentralen Fragen sind für Sie, für Verhandlungen, von immenser Bedeutung.
Mit Hilfe praktischer psychologischer Kenntnisse schaffen Sie es, sich besser in ihre Verhandlungspartner hineinzudenken. Es geht also um Menschenkenntnis, die im gewissen Umfang erlernbar, jedoch an einige Voraussetzungen geknüpft ist.
Dies sind:

- Der regelmäßige Umgang mit anderen Menschen.
- Die Fähigkeit, kommunikative Prozesse wahrnehmen und interpretieren zu können.
- Die Bereitschaft, sich mit der eigenen Persönlichkeit auseinander zu setzen. Denn nur wer sich selbst versteht, kann auch andere besser verstehen.

Erfolgreich verhandeln heißt auch erfolgreich kommunizieren!

Es ist letztlich unsere Aufgabe, ggf. mit der Unterstützung des Arbeitgebers, sich dieses Wissen anzueignen.
Sie dürfen nie davon ausgehen, dass ihr Gesprächspartner Dinge so wahrnimmt wie Sie, auch nicht das er so denkt und fühlt, wie Sie glauben. Trotz dieser Tatsache oder gerade deswegen ist es wichtig, sich mit anderen Menschen und sich selbst auseinanderzusetzen.

Dazu passt eine Bemerkung von Stefan Zweig:

„Wer einmal sich selbst gefunden, kann nichts auf dieser Welt mehr verlieren. Und wer einmal den Menschen in sich begriffen, der begreift alle Menschen"

Gehört es zu Ihrem ständigen Aufgaben Verhandlungen zu führen, sollten Sei sich mindestens mit nachstehenden Teilbereichen der Psychologie auskennen:

Ich-Welt:
Dazu gehört das eigene Weltbild, Wünsche, Einstellung, Motivation, Selbstwertgefühl etc.

Die Welt des Anderen:
Was uns prägt und beschäftigt gilt natürlich auch für unsere Gesprächspartner.

Die verschiedenen Kommunikationsebenen:
Jede Form der Kommunikation spielt sich auf der Gefühls- und Verstandsebene ab.

Verbale und nonverbale Kommunikation:
Neben dem gesprochenen Wort spielt auch die Körpersprache in Verhandlungssituationen eine wichtige Rolle.

Wenn zwei Menschen sich treffen, können durchaus zwei Welten aufeinander treffen!

Ergänzend zur Psychologie kommt die Verhandlungsrhetorik

Das Verhandlungswerkzeug Rhetorik besteht aus drei Bausteinen:

Die Fragetechnik

Man kann Fragetechniken in nahezu allen Verhandlungssituationen einsetzen und dadurch viele Vorteile erzielen. Das Ziel des Einsatzes von Fragetechniken ist, das Verhandlungsgespräch und damit auch den Verhandlungspartner in die von uns gewünschte Richtung zu lenken. Sie werden die Fragetechnik immer anwenden können, da sie das bei Menschen im Allgemeinen stark ausgeprägte Mitteilungs- und Selbstdarstellungsbedürfnis ausnutzt. Wichtig ist hierbei, dass Sie ihr eigenes Mitteilungsbedürfnis kontrollieren und darauf achten, dem Gegenüber nicht ins Netz zu gehen. Es ist grundsätzlich davon auszugehen, dass insbesondere in mittleren und großen Unternehmen die Verkäufer intensiv auf ihre Verkaufstätigkeit vorbereitet werden. Für

Einkäufer besteht diesbezüglich in vielen Bereichen noch immer Nachholbedarf.

Nachstehend drei Gründe für den Einsatz von Fragetechniken:

- Wenn Sie Ihren Gesprächspartner durch Fragen zum Erzählen animieren, macht Sie das sympathischer.
- Durch gezielte Fragen bestimmen Sie, wann über welche Themen gesprochen wird.
- Durch Fragen stellen Sie ihren Gesprächspartner in den Mittelpunkt und fördern damit den Dialog.

Es gibt die unterschiedlichsten Fragevarianten. Die drei wichtigsten sind:

- Die offene Frage
  Offene Fragen können zwar kurz beantwortet werden. Jedoch nie mit einem einfachen „Ja" oder „Nein"
- Die geschlossene Frage
  Hier reicht ein kurzes „Ja" oder „Nein" als Antwort aus

- Die reflektierende Frage
  Hierzu gehören u.a. Alternativ- und Entscheidungsfragen und die Verbalisierung.
  Bsp.: Die Ware ist bereits verkauft, sagen Sie?

Nachstehend einige Frageformen und Fragetechniken:

- Skalierende Frage
  (konkretisiert und vergleicht eine allgemeine Aussage)
  Bsp.: Wie würden Sie sich auf einer Skala von 1-10 einordnen?
- Stimulierungsfrage
  (Lob oder Ächtung eines gemeinsamen Gegners bezieht Emotionen in das Thema ein)
  Bsp.: Wissen Sie denn nicht, dass diese Partei auch uns schon angegriffen hat?
- Suggestivfrage
  (Durch eine hypothetische Frage wird dem Gesprächspartner eine Antwort in den Mund gelegt)

Bsp.: Sicher haben Sie sich auch schon einen Termin überlegt, oder?
- Verdeckte Frage
(Eine Frage, deren eigentliches Ziel über einen Umweg erreicht werden soll)
Bsp.: Haben Sie einen Parkplatz gefunden? Eigentliches Ziel: Haben Sie einen Führerschein
- Alternativfrage
(Durch Vorgabe von Alternativen wird Entscheidungsfreiraum suggeriert)
- Gegenfrage
(Durch Rückgabe einer Frage wird eine Konfrontation oder Präzisierung eingefordert)
Bsp.: Wie meinen Sie das?
- Initialfrage
(Zu Beginn eines Dialoges wird eine Motivation hervorgerufen)
Bsp.: Welches ist der wichtigste Punkt für Sie heute?
- Kontrollfrage
(Zahlen, Daten, Fakten oder Ansichten werden reflektiert)
Bsp.: Habe ich Sie richtig verstanden, dass es nur noch um den Preis geht?

- Motivfrage
  (Der Antrieb des Gesprächspartners soll erkundet werden)
  Bsp.: Welchen Sinn hat für Sie Änderung der Vertragspassage in diesem Fall?
  etc.

Die Argumentation

In vielen Verhandlungen wird mehr behauptet, als beweissicher argumentiert. Ob Sie mit Behauptungen etwas erreichen, hängt vom Wissen und Verhalten Ihres Gesprächspartners ab. Dies gilt natürlich auch in umgekehrter Sicht. Gewöhnen Sie sich an, mit Zahlen, Daten und Fakten zu arbeiten.
Es ist auch angebracht vor der Verhandlung eine Argumentationsliste zu erarbeiten, denn

Die besten Argumente fallen leider nicht vom Himmel

Verstärken Sie ggf. Ihre Argumente mit Grafiken. Verzichten Sie auf Behauptungen und Pseudo-Argumente.

Prüfen Sie, ob Ihre Argumente auf beweisbare Fakten beruhen.
Vermeiden Sie konsequent Argumente, die in Richtung eigener Erlössteigerung zielen.

Der richtige Umgang mit Einwänden und Gegenargumenten

Gespräche verlaufen vor allem dann reibungslos, wenn sich die Gesprächspartner in der Sache einig sind. Sobald jedoch unterschiedliche Auffassungen bestehen, werden Einwände gegen die Argumente des anderen vorgebracht. Dieser versucht in der Regel, seine Argumente so lange wie möglich zu halten und die Einwände der Gegenpartei - so gut es geht - zu entkräften. Dadurch kann es zu langen und fruchtlosen Diskussionen kommen. Es besteht die Gefahr, dass der Konflikt relativ schnell die Beziehungsebene erreicht.
Es geht also darum, Formen zu finden, um mit Einwänden konstruktiv umzugehen. Jeder Einwand ist ernst zu nehmen. Es geht nicht darum, den Gesprächspartner durch geschickte rhetorische Manipulation auszutricksen sondern vielmehr darum – insbesondere bei

längerfristigen Geschäften - eine Vertrauensgrundlage zu schaffen, die verbindet und Bestand hat.
Es gibt unterschiedliche Techniken, die vermeiden helfen, dass man in eine Argumentationssackgasse gerät.

Man kann diese Methoden in vier Bereiche unterteilen:

- **Information geben**

    Einwände vorwegnehmen
    Vor- und Nachteile gewichten
    Relativieren
    Reflektieren
    Einwand als Bumerang verwenden
    Selbsterfahrung einbringen

- **Information holen**

    Klärende Fragen stellen
    Aktiv zuhören/taktisches bestätigen
    Weitere Einwände abfragen
    Leerlaufen lassen

- Time out-Techniken

  Einwand zurückstellen
  Ablenken
  Humorvoll verlagern

- **In die Metaebene wechseln**

  Verhalten der Gegenpartei ansprechen
  Die Grundlagen für das weitere Gespräch thematisieren.

11. Zusammenfassung:

Komprimiert nochmal die wichtigsten Verhandlungsgrundsätze bzw. Fehler:

- Gut vorbereitet in die Verhandlung gehen.
- Hart verhandeln aber dabei höflich, sachlich, ruhig, gelassen freundlich und kompromissfähig bleiben.
- Sich nicht unter Zeitdruck setzen.
- Mit Zahlen, Daten und Fakten argumentieren.
- Die Verhandlung durch gezielte Fragen in die gewünschte Richtung lenken.

- An den Argumenten der Gegenpartei anknüpfen und versuchen zu den eigenen Argumentationsfeldern zurückzukehren.
- Sich nicht vom eigenen Unternehmen distanzieren.
- Ziel und Forderung nicht verwechseln.
- Die Verhandlungsposition nicht vorschnell aufgeben.
- Es wird mehr behauptet als argumentiert.
- Es fehlen juristische Kenntnisse zur professionellen Abwicklung von Lieferungs-/Leistungsstörungen.
- Die weitreichenden Folgen von mangelhaften Lieferungen/Leistungen werden dem Verkäufer nicht ausreichend deutlich gemacht.
- Lassen Sie den Verkäufer ausreden, Sie erhalten so wertvolle Informationen und lernen seine Gedanken und Motive besser kennen.
- Halten Sie Blickkontakt zu Ihrem Gesprächspartner.
- Wenn Sie den Verkäufer durch gute Argumente, die witzig sind zum Lachen

bringen, lockert dies die Verhandlungsatmosphäre.
- Sparen Sie nicht mit Bewunderung, Anerkennung und bringen Sie zum Ausdruck, dass Sie den Verkäufer brauchen. Machen Sie deutlich wann und wie er für Sie nützlich ist.

Die auf dem Cover aufgeworfene Frage, was eine gute Verhandlung eigentlich ausmacht, beantwortet sich nach der Lektüre dieses kleinen Breviers nahezu von selbst. Es ist wie häufig im Leben, die gute Mixtur aller Komponenten bringt letztlich den Erfolg. Wesentlich ist und bleibt eine gute Vorbereitung. Zu berücksichtigen ist auch, dass Menschen unterschiedliche Stärken und Schwächen haben und dass die Machtverhältnisse zwischen den Parteien eine wesentliche Rolle spielen.

Zum Autor

Geb. 1953 in Berlin, hat er nach Abschluss seiner Ausbildung zum Industriekaufmann einer Empfehlung des Deutschen Industrie und Handelstages folgend seine weitere Ausbildung berufsbegleitend u.a. wie folgt angelegt:

- Abendstudium Betriebswirtschaft
- Fachwirt Industrie
- Fachkaufmann für Einkauf und Materialwirtschaft

Er war seit 1995 in Unternehmen der Energiebranche als Einkaufsleiter tätig und hat sich darüber hinaus mehrere Jahre im Vorstand des Bundesverbandes Materialwirtschaft (BME) Berlin/Brandenburg engagiert.

Kontakt: norbert.schickgramm@arcor.de